P. DIETERLEN

L'ACTION MORALE ET SOCIALE

DANS

LA BOURGEOISIE

Prix : **0,20** centimes

Commission d'Action morale et sociale — 1901

L'ACTION MORALE ET SOCIALE

DANS

LA BOURGEOISIE

I

Qu'est-ce que la bourgeoisie ? Cette question n'est pas aussi facile à résoudre qu'on pourrait le croire à première vue. Il est aisé de définir ce que c'est que le clergé, plus aisé encore de dire ce que c'est que l'armée, plus encore ce que c'est que le prolétariat : mais on trouve moins facilement une réponse nette, juste et complète quand on cherche à déterminer ce que c'est à proprement parler que la bourgeoisie ; il faut néanmoins s'y efforcer.

Si j'interroge l'histoire, je trouve qu'au moment de la Révolution il y avait en France trois classes, ou, comme on disait alors *trois ordres :* la noblesse, le clergé, le tiers-état. Ces trois ordres étaient si nettement tranchés qu'ils eurent leurs représentants absolument séparés les uns des autres aux États-Généraux. Depuis la Révolution, les choses ont bien changé. Le clergé a subsisté, mais dépouillé d'une grande partie de ses privilèges et semblable un peu à nos vieilles cathédrales qui n'ont survécu à la tourmente révolutionnaire que pillées et mutilées.

La noblesse, en tant que classe, a disparu. En perdant ses privilèges, elle a, plus que le clergé, perdu sa raison d'être et elle ne présente plus, à l'heure actuelle, qu'un ensemble de noms, les uns glorieux, les autres seulement sonores, qui rappellent plus le temps passé qu'ils n'enrichissent le temps présent, un peu semblables, comme valeur politique, au Musée des souverains, comme valeur artistique, au Musée de Cluny, comme valeur militaire, au Musée d'artillerie.

Par contre, nous avons vu naître dans notre patrie des classes nouvelles. C'est d'abord l'armée : plus démocratique par son recrutement que par son esprit, elle a une place à part, et il semble que ceux qui la comblent de flatteries et ceux qui l'accablent d'injures se soient donné le mot pour l'isoler davantage et la séparer toujours plus du reste de la nation.

Le développement de l'industrie et l'abandon des campagnes ont fait naître et font grandir journellement une autre classe, celle qui s'appelle *le prolétariat*. Irrités par la souffrance et la déception, grisés par le rêve, conduits par des voyants et par des habiles, privés — ils disent « délivrés » — des promesses de la religion, les prolétaires attendent tout d'une révolution nouvelle en vue de laquelle ils se préparent en qualité de « quatrième état. »

Au milieu de tout cela, qu'est-ce que la bourgeoisie ? C'est, depuis la Révolution, l'ancien tiers-état devenu dirigeant, propriétaire, conservateur. Dirigeant, grâce à la substitution du régime parlementaire au pouvoir absolu, propriétaire grâce à l'acquisition des biens nationaux, conservateur et aristocratique grâce à l'effacement de la noblesse.

Si, après l'histoire, j'interroge mes contemporains pour savoir d'eux ce que c'est que la bourgeoisie, j'obtiens une réponse bien différente. Pour beaucoup, surtout pour ceux qui n'en sont pas, cette épithète de « bourgeois » (supprimez l'u et prononcez : « borgeois »), est peut-être la plus sanglante injure qu'on puisse lancer à la face d'un homme que l'on veut flétrir à tout jamais. La fleur de lys sur l'épaule n'était rien auprès de cela. « Un bourgeois, c'est un être odieux qui n'a pas d'âme. Au lieu de cerveau et de cœur, il n'a que des estomacs supplémentaires. Le bourgeois, c'est l'être à la fois ignorant et prétentieux, égoïste et pédant, indulgent pour lui-même autant que cruel pour ses inférieurs, affectant la morgue insolente du ci-devant noble, sans avoir rien de sa grâce et de sa crânerie... Le bourgeois, c'est M. Jourdain, c'est Georges Dandin, c'est M. Poirier, c'est Homais, c'est Joseph Prud'homme ; ce n'est ni une intelligence, ni une conscience, ni une volonté ; c'est un ensemble d'appétits, c'est un tube digestif, c'est l'être en qui se résument toutes les petitesses, toutes les tares, tous les ridicules, toutes les souillures d'une société en décomposition, il n'en faut plus ; à la lanterne ! »

Si après avoir écouté la grande voix de l'histoire et puis la voix irritée ou moqueuse de quelques-uns de mes contemporains sur ce que c'est que la bourgeoisie, j'interroge tout simplement le monde tel que mes yeux le voient, il me semble que la bourgeoisie c'est, à l'heure actuelle, l'ensemble des classes dirigeantes. La bourgeoisie, c'est ce qui se partage le capital matériel et intellectuel de la France. Qu'est-ce, en effet, que la magistrature, la majorité du Parlement, l'immense majorité des universitaires et des intellectuels, la presque totalité des industriels et des commerçants, sinon autant de fractions de la bourgeoisie ? La bourgeoisie se recrute partout. D'une part, elle absorbe quelques restes épars de l'ancienne noblesse. Ceux-ci, pour redorer leur blason, cherchent en Amérique ou même en France des héritières bourgeoises ; parfois, intelligents, actifs et exempts de préjugés, ils se lancent dans l'industrie et du coup deviennent bourgeois, puisque nul n'ignore que pour un noble authentique il n'y a que trois occupations possibles : celle d'évêque celle de soldat ou celle d'agriculteur. La bourgeoisie se recrute aussi, et très largement, dans le prolétariat. Tel ouvrier passe contre-maître ; tel autre bâtit avec ses économies une maisonnette qu'il entoure d'un jardin ; le fils d'un troisième, qui a fait ses classes, laisse le « bourgeron sacré » pour la jaquette ou le veston de l'employé, voilà autant de conservateurs et de bourgeois, et parfois plus bourgeois que les autres, car il n'y a pas de patron plus autoritaire que l'ancien ouvrier, comme il n'y a pas d'officier plus grognard que celui qui est sorti du rang.

La bourgeoisie ressemble un peu à certains édifices dans lesquels on discerne des vestiges de tous les styles et de toutes les époques. Sur quelques débris authentiques du XIIIe siècle, on a élevé un bâtiment moderne, pratique, utilitaire et laid ; pour l'orner, on y a appliqué une colonnade de style néo-grec ; pour l'agrandir, on y a ajouté quelques appendices en ciment armé et en briques rouges... Il y a de même dans notre bourgeoisie actuelle un étrange mélange de choses précieuses et de choses laides, d'éléments robustes et de petits ridicules. Il y a certes les Homais, les Jourdain, les Poirier, il y a les nobles du XIIIe siècle devenus roturiers et il y a les roturiers devenus nobles, vrais pilastres de carton-pierre ; mais il y a aussi le corps du bâtiment, aux assises solides, au ciment de choix, c'est-à-dire un ensemble d'hommes et de femmes dont on aurait bien tort de se moquer car ils forment, j'ose le dire, par leur cœur autant que par leur intelligence, l'élite de la nation française ; la bourgeoisie française, c'est Guizot, c'est Thiers, c'est Dufaure, c'est Casimir Périer, c'est Edgard Quinet, c'est Michelet, c'est Taine ! et combien d'autres noms je pourrais citer !

Telle est la classe dite bourgeoise ; et maintenant que nous la connaissons, demandons-lui ce qu'elle a produit en fait d'action morale et sociale.

II

Si je cherche dans le cours du siècle passé les hommes et les femmes qui ont été mordus au cœur par les questions morales et sociales, la vérité m'oblige à dire qu'aucune classe n'y a été étrangère et que j'y vois des réprésentants authentiques de la noblesse, de la bourgeoisie et du prolétariat.

Quel est l'homme dont le nom plus que tous les autres incarne l'amour pour les petits, la défense des faibles, la lutte personnelle contre les iniquités sociales ; n'est-ce pas celui du noble comte de Shaftesbury ? Mais, en même temps, derrière cet homme que sa naissance, presque autant que ses mérites, mettait en pleine lumière, que d'obscurs bourgeois, que d'humbles travailleurs ?

Toutes les classes sont représenstées dans cette glorieuse nuée de témoins de la justice et de la pitié, mais aucune classe peut-être n'y occupe une plus grande place que la bourgeoisie.

Qui donc, en Amérique, a réveillé l'opinion en attaquant courageusement l'institution tant de fois séculaire de l'esclavage ? Ce sont des hommes comme Channing et des femmes comme Mme Beecher-Stowe, c'est-à-dire des bourgeois.

Qui donc a pris à cœur et en main la cause des prisonniers, qui donc a consacré sa vie à leur salut et à leur affranchissement ? c'est Elisabeth Fry, une quakeresse, une bourgeoise.

Qui donc a senti son cœur maternel saigner d'une blessure inguérissable à la pensée des filles du peuple séduites et abandonnées ou condamnées au vice obligatoire par l'organisation officielle et patentée de la prostitution, qui donc a été l'âme de la fédération abolitioniste apportant à cette œuvre la flamme pure de l'amour chrétien, sinon cette noble femme qui porte un nom bien bourgeois : Joséphine Buttler?

Qui donc s'est préoccupé des logements des misérables dans nos grandes cités, grimpant jusqu'au haut des maisons pour y dévoiler les dangers que les chambres des domestiques font courir à leur moralité comme à leur santé? Qui donc a organisé l'œuvre admirable du sauvetage de l'enfance, sinon cet intellectuel, ce bourgeois qui s'appelait Jules Simon?

Qui donc, dans la grande industrie, a songé au bien-être physique et moral des ouvriers, n'est-ce pas Jean Dollfus, un bourgeois authentique?

Parmi les âmes d'élite qui ont saigné et vibré au spectacle de la souffrance humaine et de toutes les injustices sociales, je pourrais multiplier les noms catholiques et les noms protestants; je les passe sous silence; mais il est un nom que je ne peux garder dans ma plume parce qu'il les résume tous et qu'il resplendit comme l'incarnation de l'amour à la fois respectueux et passionné, maternel et viril que l'âme populaire peut inspirer à l'âme d'une bourgeoise, et c'est celui de Madame Edmond de Pressensé.

Parmi les socialistes militants, il en est chez qui on aime à discerner un amour pur, une pensée désintéressée, une recherche sincère de justice ; dans le nombre ne voit-on pas des bourgeois ou du moins des ex-bourgeois comme Jean Jaurès ?

Qui donc trouvons-nous dans toutes les ligues pour le relèvement de la moralité nationale et de la justice sociale, et en tête de leurs comités directeurs ? Des Bourgeois.

Qui donc, par des dons parfois princiers, nous permet de fonder des œuvres comme les « Solidarités, » qui donc les soutient de généreuses cotisations que personne ne dédaigne, qui donc, sinon encore d'affreux bourgeois ?

Arrêtons ici cette instructive énumération et rendons justice à qui de droit en affirmant bien haut que, dans l'action morale et sociale, la bourgeoisie a été partout et toujours largement représentée et qu'actuellement encore, la rejeter avec colère ou avec mépris, serait pour tout homme ou toute collectivité une pure et simple injustice, et pour le protestantisme français une espèce de suicide.

III

Cette affirmation est-elle synonyme d'un « satisfecit », et n'avons-nous plus qu'à adresser à la bourgeoisie le mot célèbre : « Continuez? » Certes non, et si j'ai tenu à rendre pleine justice aux bourgeois qui ont cherché la justice, qui l'ont aimée, défendue et servie, c'est parce que j'ai le devoir et que je veux avoir le droit de continuer à être vrai et juste dans l'appréciation de l'attitude *générale* de la bourgeoisie en face de l'action morale et sociale. Eh bien, je crois que nous avons ici à nous frapper la poitrine en reconnaissant que, dans sa masse compacte, la bourgeoisie française n'a jamais complètement rempli son devoir moral et social et semble même s'en éloigner plus que jamais.

A coté des représentants de la classe bourgeoise dont les cœurs se sont ouverts ou même brisés au contact des problèmes sociaux, combien qui ignorent l'action morale, combien même qui la dénigrent, combien qui la combattent?

J'ai assisté une fois, dans une ville essentiellement bourgeoise, à un congrès de la Ligue pour le relèvement de la moralité publique. Je vois encore avec douleur Mme Buttler se lever pour parler dans une très grande salle à peu près complètement vide. Un mot d'ordre avait été donné, on s'écartait de cette œuvre d'une respectabilité douteuse. Combien souvent sont appelés brouillons, ambitieux, révolutionnaires, tous les serviteurs de Dieu qui se permettent de sortir du sanctuaire pour se jeter dans la mêlée ; combien de fois les hommes pratiques jettent à la face de ces intellectuels une accusation d'incompétence? Peut-on dire que à part les nombreuses et honorables exceptions que je me suis plu à signaler, la masse de la bourgeoisie ait à cœur le triomphe de la justice dans tous les domaines? Ne doit-on pas reconnaître qu'elle s'en désintéresse beaucoup trop et même que, dans certains milieux, elle s'en désintéresse plus que jamais?

Il faut vérifier cette assertion sévère et pessimiste et, pour cela, sonder l'âme bourgeoise en disant un mot de la bourgeoisie catholique et deux de le bourgeoisie protestante.

Je ne connais pas assez la bourgeoisie catholique pour me permettre de porter sur elle un jugement ferme et absolu. On l'apprécie de façons très diverses. Celui-ci m'affirme qu'elle est foncièrement voltairienne ; celui-là qu'elle est absolument cléricale. J'incline à croire qu'elle est à la fois l'un et l'autre, avec cette réserve toutefois que, suivant les circonstances, elle est un peu plus voltairienne ou un peu plus cléricale. Quand le gouvernement est trop réactionnaire, elle accentue son voltairianisme; quand il est trop radical, elle colore son cléricalisme ; mais jamais elle ne cesse d'être à la fois cléricale et voltairienne.

Peut-on être à la fois clérical et voltairien? Et pourquoi pas, je vous prie? En dépit des apparences, ce sont deux états d'âme qui font assez bon ménage dans un même individu. Voltaire lui-même qui était anti-chrétien, n'a jamais été réellement anti-clérical. Je le soupçonne d'avoir détesté plus les pasteurs de Genève qui, quoique sociniens, avaient conservé quelque chose de l'austérité calviniste, que les petits abbés et les grands évêques français aussi disposés à flirter avec les encyclopédistes qu'à persécuter les protestants. J'ai relu dernièrement une lettre de Voltaire adressée à un père Jésuite dans laquelle il assure ce représentant de la célèbre Compagnie, de son amour et de son estime pour lui..... et pour elle! Et cela se comprend : Voltaire incarne le bon sens terrestre, l'esprit mondain, le mépris du mysticisme, la haine de l'acétisme. La croix de Christ, « scandale pour les Juifs et folie pour les Grecs », est pour lui tout à la fois un scandale et une folie; aussi combat-il le christianisme. Mais pourquoi détesterait-il le cléricalisme? Le cléricalisme c'est le gouvernement du clergé ; entendons-nous : c'est le clergé dirigeant la multitude ignorante, et laissant en paix quelques libres esprits, combattant l'hérésie, mais non la mondanité, pardonnant tous les écarts de la vie pourvu qu'il n'y en ait pas dans la soumission extérieure. Voltaire ne déteste pas la justice, et même, à l'occasion, il la défend. Mais s'il fait réhabiliter Calas, c'est qu'il n'a rien à craindre, ni de lui, ni des siens; il prêche la tolérance parce qu'il en a besoin, mais dès que ses goûts ou son repos sont en jeu, comme il sait, lui aussi, devenir intolérant! Pour la défense de ses privilèges, il sait être ardent et haineux, et, autant que celles du dévot, ses griffes sont acérées; tant il est vrai que sur cette pauvre terre, nul n'est tolérant, non pas même le sceptique, quoi qu'on en dise, car si le dévot a le fanatisme de sa croyance, le sceptique, lui, a le fanatisme de son repos, fanatisme peut-être plus terrible, car on est toujours plus âpre à défendre ce qui vous appartient en propre que ce qui vous appartient avec d'autres, ce qui vous fait jouir que ce qui peut vous faire souffrir! Le cléricalisme garantit au voltairien son repos et voilà pourquoi la bourgeoisie française peut être à la fois voltairienne et cléricale.

C'est pour cela aussi qu'elle a si peu d'enthousiasme pour l'action morale et sociale. Le plus égoïste d'entre nous s'apitoiera sur quelques cas isolés et il exercera volontiers la charité et la bienfaisance envers les malheureux dont les plaies offusquent son regard et dont les plaintes troublent son sommeil ; mais de là à l'action morale et sociale proprement dite, de là à examiner, en les mettant à nu, les fondements même de l'ordre social, de là à projeter une lumière impitoyable dans le clair-obscur si cher aux dormeurs, et à proclamer la justice au risque de recevoir des mauvais coups, il y a un grand pas à faire et c'est ce pas à faire qui arrête le bourgeois voltairien et clérical : ne lui en parlez pas, il ne veut rien savoir ?

« Je ne veux rien savoir ! » Ces mots ont été ces dernières années l'unique réponse de beaucoup de braves gens aux appels de la justice. Quantité d'hommes, d'ailleurs excellents, ont été jusqu'à amnistier, que dis-je, jusqu'à glorifier le mensonge, le faux, la cruauté méchante. Eh quoi ! aimaient-ils le mensonge, le faux, la cruauté ? Gardez-vous de le croire et surtout de le dire, car je demanderais aussitôt la révision de votre jugement contre eux. Non, ils n'aimaient pas ces choses, mais ils n'aimaient pas non plus à être troublés, et un homme, fût-il innocent, qui se permet de déranger aussi profondément et aussi longuement le repos des autres, cet homme est mille fois coupable et il est juste qu'il souffre pour tout le mal qu'on a fait à cause de lui.

« Je ne veux rien savoir ! » Cette parole, qui jamais n'aurait dû être proférée, est symptomatique, révélatrice et décourageante ; tout homme qui s'en sert paralyse son âme, car où les yeux s'obstinent à se fermer, comment le cœur s'ouvrirait-il ?

IV

Il sera plus redemandé à la bourgeoisie protestante qu'à la bourgeoisie catholique, car la religion qui tend à étouffer chez celle-ci l'éveil de la conscience et de la volonté, le produit et l'entretient au contraire chez celle-là. L'âme protestante est mieux préparée que l'autre à l'action morale et sociale et, proportionnellement, elle a aussi produit infiniment plus qu'elle.

Et pourtant, est-ce sortir des limites du jugement le plus scrupuleux et le plus modéré que d'affirmer que même notre bourgeoisie protestante, sauf d'admirables exceptions, n'a pas pris nettement conscience de sa mission, n'a pas échappé entièrement à l'influence délétère de l'air ambiant et n'est pas complètement indemne d'un certain voltairianisme clérical? Ne répondons pas trop vite à cette question et efforçons-nous plutôt de lire dans l'âme de la bourgeoisie protestante actuelle.

Ce qui me paraît la caractériser, c'est tout. d'abord une certaine *somnolence* dans le genre de celle qui s'empare doucement de tout homme attardé à une table trop bien servie. Notre bourgeoisie protestante connait le bien-être et ce bien-être lui a fait du mal. Une longue et facile prospérité en affaires est nuisible à tout homme, mais elle l'est au Français plus qu'à tout autre. Pour un Anglo-saxon, le succès est un stimulant à de nouvelles tentatives; la prospérité aiguise ses griffes et ses dents : enrichi, il vaut — je ne dis pas moralement — mais intellectuellement deux fois ce qu'il valait avant. Pour le Français, la prospérité est plus dangereuse parce qu'il manque d'initiative et d'ambition : aussitôt qu'il a fait sa petite pelote, le voilà satisfait; et au lieu de doubler son activité en de nouvelles entreprises, il se retire pour jouir du fruit de son labeur, et comment en jouit-il? Trop souvent il se borne à le grignoter en une maigre existence de petit rentier, ou bien encore c'est son fils, nécessairement unique, qui, rapidement, dévore dans une vie de paresse et de débauche ce bien si lentement acquis. Dans l'un et l'autre cas, l'âme de ces bourgeois se racornit, leur intelligence s'obscurcit, leur horizon se rétrécit, ils deviennent incapables d'enthousiasme juvénil, d'ardeur généreuse, de nobles indignations, de saintes folies, et les seuls élans de colère qui leur restent sont réservés à quelque maraudeur qui leur a pris pendant la nuit deux poires ou une heure de sommeil. La vie de petit rentier ne prédispose pas à l'action morale et sociale.

Il y a plus : la bourgeoisie est *ignorante*. Elle ne connaît le peuple que par ce qu'elle voit de lui dans la rue où il ne montre que ses vices, ses appétits grossiers, ses violentes colères; jamais elle n'a complètement lu le livre de sa vie, avec ses souffrances souvent imméritées, ses dévouements parfois héroïques, ses trésors de confiance souvent si mal placés. On connaît la réponse de cette petite fille de Paris à une dame qui essayait d'apitoyer son cœur aux misères des quartiers excentriques : « Pense donc, mon enfant, il y a là des gens qui n'ont pas de pain! » — « Ils n'ont pas de pain? s'écrie l'enfant avec un calme imperturbable, eh bien alors qu'ils achètent de la brioche! »

Pour beaucoup de bourgeois, la question sociale est d'une simplicité extrême et se réduit à cet aphorisme : « Les ouvriers sont beaucoup trop dépensiers ; s'ils savaient se priver un peu, tous pourraient se tirer d'affaire ! » Assurément, il y a des ouvriers qui dépensent trop et n'économisent point, mais combien n'y a-t-il pas d'ouvrières qui ne peuvent économiser parce qu'elles n'ont pas même de quoi subvenir aux besoins les plus élémentaires ?

Cette ignorance est une circonstance atténuante, car je suis persuadé que, mieux éclairée sur les souffrances de ceux qui ne se plaignent pas, notre bourgeoisie s'en inquièterait et saurait trouver dans son cœur des trésors jusqu'ici inexplorés et inutilisés.

J'ajoute en troisième lieu : la bourgeoisie protestante est *déconcertée*. Il y a quelques années, elle était peut-être plus disposée que maintenant à entrer dans le mouvement du christianisme solidariste. Les promoteurs d'alors parlaient simplement d'améliorer, de réparer, d'embellir l'édifice social. Il ne déplaisait pas aux habitants du premier étage qu'on y bouchât les fissures et qu'on y grattât soigneusement les taches ; ils se voyaient dans la position de locataires que le propriétaire dérange quelque peu pour faire dans l'immeuble des changements destinés à le rendre plus solide. Mais, depuis plusieurs années, les choses ont changé terriblement ; on ne parle plus de réparer l'édifice, mais de le démolir, d'aucuns même disent qu'on va le faire sauter. Certes, c'est là une pensée souverainement inconfortable pour des gens qui comptaient y finir paisiblement leurs jours.

De plus, on s'enlise dans les malentendus. Les industriels biens disposés parlent d'améliorer les salaires, et on leur répond qu'il n'est plus question de salaires mais d'expropriation ; ils se hasardent à prononcer le mot de participation aux bénéfices ; on leur répond qu'il ne s'agit plus de participation aux bénéfices mais de nationalisation des moyens de production ; ils rappellent leurs sacrifices volontaires et multipliés, on leur insinue avec ironie que c'est là une insuffisante restitution de tout ce qu'ils ont volé, et enfin on dresse devant eux *le spectre menaçant du Collectivisme*... Comment ces hommes ne seraient-ils pas déconcertés et comment s'étonner si, au lieu de se lancer dans la lutte pour l'action morale et sociale, tel capitaliste cherche des yeux un pays moins nerveux et plus conservateur que la France pour y abriter son travail, son argent et son repos?

J'ajoute enfin qu'à l'heure actuelle, la bourgeoisie protestante française est *irritée*.

Comment ne le serait-elle pas? J'ai essayé ailleurs de décrire la tempête que soulèvent nécessairement dans l'âme d'un industriel philanthrope et chrétien-social la grève de ses ouvriers et les incidents qui l'accompagnent. Je n'y reviens pas, mais il est aisé de comprendre que beaucoup d'excellents protestants, petits ou grands propriétaires, ont actuellement l'âme en chair vive. Ce titre de bourgeois dont ils étaient si fiers parce qu'il était le synonyme d'intelligence, de générosité, de libéralisme, de clairvoyance, de supériorité morale, ce titre est devenu une flétrissure; il signifie retardataire, exploiteur, égoïste, imbécile... Il faut recevoir cette injure, et la recevoir de qui? d'hommes que l'on a obligés, pour lesquels on s'est dévoué! On a daigné s'abaisser jusqu'à eux, et au lieu du baiser de la reconnaissance, on ne reçoit que le coup de pied de la haine. « Ce sont donc des vipères que nous avons réchauffées dans notre sein? C'est bien! qu'on ne nous parle plus jamais de ce christianisme social et de toutes ces soi-disant Ligues destinées à la moralisation et à l'instruction du peuple et qui ne servent qu'à exciter ses haines, ses appétits, ses violences! Te voilà, toi qui troubles Israël? » crie au christianisme social la bourgeoisie irritée.

Cet état d'âme ne doit pas nous laisser indifférents. Y répondre par le mépris serait compromettre gravement non seulement la cause du protestantisme lui-même, mais encore celle de la justice sociale. J'estime que la tâche du christianisme n'est pas de creuser les abîmes qui séparent les classes, mais de les combler. De toute nécessité il faut regagner la bourgeoisie à l'action morale et sociale de peur de perdre peut-être l'une et l'autre.

V

Que faire pour atteindre ce but?

Disons d'abord ce dont il faut se garder.

Pour regagner la bourgeoisie il conviendrait de ne plus l'irriter inutilement. Personne n'aime les injures. Le chrétien vivant les supporte sans les rechercher; notre bourgeoisie n'est pas encore assez chrétienne pour ignorer la rancune quand on lui fait tort. Évitons de la blesser sans raisons.

Quand on défend une cause juste il faut être non pas moins mais d'autant plus scrupuleux sur le choix des moyens et des armes. Or il arrive que les défenseurs de la justice sociale n'observent pas toujours les lois de la justice élémentaire quand il s'agit d'attaquer, et se permettent d'englober dans une même sentence haineuse et méprisante tous les bourgeois sans aucune réserve, sans aucune exception. Ils ont souffert de voir dans tel centre minier ou industriel des patrons bigots et arrogants imposer à leurs ouvriers des bulletins de vote et exiger d'eux des billets de confession. Aussitôt, une généreuse indignation a soulevé leur âme ; c'était juste, mais ce qui ne l'était pas c'était de déclarer, par une dangereuse généralisation, qu'en France, un patron est toujours un oppresseur de conscience. De telles déclarations abondent dans la littérature socialiste ; elles n'étonnent pas sous la plume de ceux qui se servent de la justice sociale, mais elles affligent sous la plume de ceux qui la servent. On ne défend pas la justice avec l'injustice. Je dis donc : Soyons scrupuleusement, passionnément, obstinément équitables ; ayons le courage de rendre hommage aux plus timides essais, aux plus insuffisants efforts et dans un combat où tant de blessures sont nécessaires, évitons avec soin toutes celles qui ne le sont point.

S'il faut éviter d'irriter davantage la bourgeoisie, n'y a-t-il pas lieu de l'effrayer un peu ? Il y a des gens qu'on ne réussit à tirer du sommeil qu'en sonnant le tocsin ou en battant la générale. Un fabricant est réveillé une belle nuit par le clairon d'alarme. Une sinistre lueur se voit dans le lointain. « Lève-toi, lui dit sa femme, c'est la fabrique de M. un tel qui brûle ! » — « Ce n'est pas près de chez nous, répond tranquillement le mari ; tu me réveilleras quand tu sentiras la chaleur contre la muraille de notre maison. » Et il se rendort. Il y a dans le monde des gens qui ne se réveillent que quand les flammes lèchent le toit de leur demeure, c'est-à-dire un peu trop tard. Il faut évidemment les secouer quelque peu. Il faut leur montrer la lueur rouge qui monte et qui augmente, il faut leur faire comprendre tout ce qu'ils risquent en refusant de s'intéresser à l'action morale et sociale, il faut leur faire sentir la sourde irritation qui gagne de proche en proche et qu'attise perpétuellement le spectacle du luxe grandissant, il faut leur rappeler qu'il y a des réveils tardifs et, partant, inutiles; que c'était trop tard lorsque la noblesse, dans une nuit fameuse, a abandonné ses privilèges; cet acte, pourtant si beau et si juste, n'a empêché ni les massacres de Septembre ni la Terreur rouge parce qu'il était venu trop tard; en un mot il faut sonner le tocsin et multiplier les plus sérieux avertissements.

Toutefois, en y réfléchissant, j'en suis arrivé à n'attendre que très peu de bien de ce moyen de ramener la bourgeoisie à l'action morale et sociale. La peur est, en effet, de tous les mobiles un des plus mauvais. Stérile d'actes héroïques, elle n'est guère féconde qu'en fautes et même en crimes. L'homme affolé perd ses moyens, il s'égare, il se trompe, et surtout il devient méchant. La peur est très souvent la mère de la cruauté, jamais elle n'est sœur de l'amour ni mère de la justice; la peur est la ressource de l'esclave et non de l'homme libre; et c'est pourquoi je renonce à m'en servir en faveur d'une cause comme celle de l'action morale et sociale, il faut trouver quelque chose de meilleur.

VI

Ce quelque chose de meilleur consistera pour nous en premier lieu à *instruire* la bourgeoisie de ce qu'elle ignore et ce qu'elle ignore c'est tout d'abord bien des choses qui se passent tout près d'elle.

Un propriétaire d'un grand immeuble parisien, qui demeurait lui-même en province, assista par hasard à Paris à une conférence faite par Jules Simon sur les logements insalubres. Entre autres révélations, le conférencier dit à ses auditeurs : « Les logements insalubres ne sont pas seulement à Belleville ou à Grenelle, ils sont dans les beaux quartiers de Paris, ils sont dans vos propres maisons : montez jusqu'au grenier et vous verrez. » Mon ami eut l'idée de visiter son propre immeuble dont quantité de coins et de recoins, dans les combles, étaient loués par les soins de son gérant à toute espèce de locataires miséreux. Ce qu'il trouva le remplit de honte et d'indignation et il s'empressa d'y mettre bon ordre.

C'est là, en petit, un exemple de ce qui arriverait en grand si notre bourgeoisie était mieux instruite des choses qui se passent près d'elle et qu'elle ignore. L'ignorance est un des meilleurs auxiliaires de l'iniquité.

Tous, nous avons laissé massacrer 300.000 Arméniens et pendant qu'à loisir le Sultan saignait ce peuple, nous dormions tranquillement. Pourquoi? nous ignorions. Une fois instruits, nous n'avons plus pu demeurer si paisibles. Bien des choses changeraient si partout la lumière était portée.

J'ai entendu dire que certaines dames, au cœur compatissant, ont renoncé à porter des chapeaux ornés d'ailes d'oiseaux et même d'oiseaux tout entiers, parce qu'elles ne voulaient pas sanctionner par leur complicité le massacre de créatures délicates et utiles. Ne pensez-vous pas que leur cœur se serrerait davantage si elles savaient aussi ce qu'a coûté tel ou tel objet de toilette, non plus seulement à leur porte-monnaie, mais à la créature vivante et délicate dont les mains l'ont confectionné? Le luxe fait vivre les ouvriers dites-vous? savez-vous qu'il y en a qu'il fait mourir? Telle dame qui regarde avec un sourire de satisfaction le joli chapeau qu'elle vient d'acquérir, pleurerait si elle savait exactement combien d'heures du jour et de la nuit une jeune ouvrière, à moitié phtisique, a peiné sur ces fines dentelles pour n'en retirer qu'un salaire dérisoire. Tel bon vivant qui rit à gorge déployée en voyant un buveur tituber et pérorer dans la rue, et qui se moque des Sociétés de tempérance en disant : « Le cabaret est le salon de l'ouvrier ! » cet homme pleurerait, tout homme qu'il est, s'il assistait seulement une fois à la scène affreuse qu'amène tous les jours et partout cette chose banale : la rentrée de l'ivrogne dans sa famille !

La question sociale, on ne la connait pas, parce qu'on n'entend que les revendications bruyantes et insensées de quelque fédération puissante et organisée qui, sous menace de grève générale, prétend exiger du Gouvernement des choses injustes et irréalisables; la question sociale, c'est aussi le silence douloureux des ouvrières isolées que personne ne connait et que personne ne défend, que leur faiblesse et leur abandon obligent à accepter et même à solliciter humblement du travail à des conditions telles qu'elles exciteraient la pitié et l'indignation si elles étaient connues. Il suffit souvent d'un jet de lumière pour faire évanouir une iniquité. Projetons partout cette lumière, instruisons la bourgeoisie de toutes *les complicités inconscientes* dont son ignorance la rend coupable. Multiplions les publications, les enquêtes, les révélations, les conférences, les traités, les congrès ; au débordement du mensonge opposons celui de la vérité afin qu'aucun bourgeois, quand Dieu lui demandera compte non seulement du mal qu'il aura fait mais encore de celui qu'il n'aura pas empêché, ne puisse plus répondre par l'antique excuse : « Ah, nous ne savions pas ! »

Il faut instruire la bourgeoisie de ce qui se passe en dehors d'elle et j'ajoute maintenant : *il faut l'instruire d'elle-même,* il faut l'aider à se connaître car elle s'ignore.

J'ai entendu parler d'une maison industrielle qui a couvert de ses usines toute une région et de ses villas tout le plateau qui domine le village. Il paraît qu'au milieu de ces riches demeures, on pouvait voir encore récemment un bâtiment plus que modeste que l'on conservait soigneusement et même pieusement parce qu'il fut la première habitation du fondateur de la maison lorsqu'il vint, il y a plus de cent ans, s'établir dans le pays en qualité de simple ouvrier. On fait bien de conserver ce vestige du passé, non point certes pour accentuer de façon insolente le contraste entre la pauvreté passée et la richesse présente, mais pour se rappeler toujours d'où l'on est sorti, et ne jamais oublier au milieu des avantages de la prospérité, les devoirs impérieux qu'elle impose.

Nous autres Français, toujours dupes de la piperie des mots, nous voyons rouge dès que devant nous on prononce celui de « privilège. » Certes il y a des privilèges qui sont de pures injustices sociales et il faut espérer que bientôt ils disparaîtront tous, y compris celui des bouilleurs de cru. Mais quand on aura achevé d'abolir les privilèges, on n'aura pas pour cela supprimé certaines inégalités qui sont voulues de Dieu et instituées par lui pour l'utilité commune. Dans le corps social, quelle que soit sa constitution, après comme avant toute évolution ou révolution, il y aura toujours diversité de dons parce qu'il y aura toujours diversité de fonctions : il faut cette variété dans le corps social, comme il la faut dans le corps humain. Je crois donc que certains avantages sont nécessaires et légitimes, mais à une condition, c'est qu'à chaque avantage corresponde un devoir. L'un suppose l'autre. Imposer le devoir en refusant le don serait tout aussi injuste que s'arroger le don en négligeant le devoir.

Cela étant bien établi, il me paraît que les chrétiens sociaux ont à l'égard de la bourgeoisie protestante un beau rôle à remplir, celui de l'instruire de ses dons et de ses devoirs, de l'initier à sa mission spéciale et de lui révéler son avenir en lui rappelant son passé.

Au lieu de lui dire brutalement : « Vile bourgeoisie, tu n'as plus qu'à disparaître devant le quatrième état ! » je lui dirais calmement : « Apprends à te connaitre ; rappelle-toi tes origines. Tu as été le tiers-état et la Révolution a fait de toi une classe dirigeante ; en réalité tu n'as pas le droit de te séparer du peuple car il est « os de tes os, chair de ta chair. » Au lieu de mettre de la poudre et d'affecter des airs « ci-devant » qui ne feront jamais de toi que la caricature de l'ancienne noblesse, reprend l'habit de ta jeunesse, aie le courage de ne pas te déguiser et d'être toi-même : il vaut mieux être la tête du peuple qui vient que la queue de celui qui s'en va !

« Tu as des avantages, tu as la richesse, l'instruction, la culture ? Mets au service des autres les dons que tu as reçus, autrement ils te seront repris comme furent retirés à ta sœur aînée, la noblesse française, les talents dont elle avait mésusé. Apprends à te connaître, prends conscience de ta mission, mets-toi à l'ouvrage, c'est pour toi une question de vie ou de mort ! »

Instruire la bourgeoisie, c'est une tâche belle assurément mais dont l'accomplissement risque de durer longtemps, car pour consentir à se laisser instruire il faut déjà avoir conscience de sa propre ignorance et je ne sais si cette conscience existe dans notre bourgeoisie. C'est pourquoi, sans rien retirer de ce que je viens de dire, je veux maintenant suggérer un moyen d'application pratique et immédiate qui servira à faire entrer dans l'action morale et sociale non point la bourgeoisie entière — je ne me fais pas tant d'illusions — mais un bon nombre pourtant de ses meilleurs représentants. Ce moyen je l'indique en deux mots : *Aiguiller* et *Aiguillonner*.

Qu'est-ce qu'aiguiller ? C'est modifier d'une manière presque imperceptible au début la direction que prend un train de chemin de fer et, par ce petit changement, en amener progressivement un grand. Appliquons ce principe à notre tâche.

Je suppose un bourgeois absolument réfractaire à l'étude du problème social, absolument décidé à ne rien changer à ses opinions, absolument sceptique aussi bien sur l'intensité du mal que sur l'efficacité du remède. Cet homme ne voit le royaume de Dieu qu'au ciel ; il se contente de savoir que là-haut, un jour, tout sera bien. Cette espérance ne lui suffit pas complètement pour lui-même puisqu'enfin il s'efforce de supprimer autant que possible en ce qui le concerne les aspérités de la route et les ronces de cette vallée de misères ; mais elle le console des souffrances de beaucoup d'autres et il se rit des efforts des chrétiens sociaux. Que faire de cet homme ? Tout d'abord, nous nous garderons d'achever de l'éloigner en le blessant et en le menaçant. Laissant de côté pour un instant la question sociale, entretenons-le des logements insalubres et visitons avec lui le grenier de sa maison où pour la première fois peut-être il découvrira un danger et une injustice. Le voilà aiguillé, maintenant il va être aiguillonné ! Ému et honteux de ce qu'il a trouvé chez lui, il se demande ce qu'il peut y avoir ailleurs. Les changements qu'il a introduits dans sa maison lui donnent le droit et lui imposent le devoir d'agir hors de chez lui : il va visiter les bouges des quartiers pauvres. Là, il fera de nouvelles réflexions ; tout en respirant l'atmosphère horrible de certaines chambres, il sera saisi à la gorge par toutes les questions sociales qui se rattachent à celles des logements : question du dépeuplement des campagnes et de l'encombrement des villes, question de l'impôt des portes et fenêtres, question des salaires, question du travail des femmes, question de la prostitution par promiscuité, question de la recherche de la paternité, question du sauvetage de l'enfance, question de la répartition actuelle de la propriété, questions sociales en un mot, et si cet homme est bien dirigé et bien aiguillonné dans ses investigations et dans ses réflexions, je serais fort étonné si, au bout d'un certain temps, son ancienne sérénité ne faisait pas place à une sainte angoisse et si notre ci-devant satisfait ne devenait sinon un socialiste chrétien, du moins un chrétien social, ce qui est bien quelque chose.

Nul ne peut dire jusqu'où risque de conduire le chemin dans lequel on entre quand on veut ressembler à Celui qui a dit : « J'ai pitié de cette multitude. » Le christianisme social est terrible et admirable, terrible parce qu'il peut mener son homme à la mort, admirable si cette mort est celle du moi égoïste.

J'ai fait allusion à la fameuse nuit du 4 août. Je rêve — cela ne sera peut-être jamais qu'un beau rêve — je rêve pour la bourgeoisie française quelque chose d'analogue. Non pas une nuit du 4 août ; je n'aime pas le travail de nuit ni les manifestations théâtrales auxquelles notre âme française a une malheureuse tendance à se complaire et qui sont trop souvent aussi stériles qu'éclatantes. Il est écrit : « Travaillons pendant qu'il est jour, la nuit vient pendant laquelle nul ne peut travailler. »

Je rêve donc pour notre bourgeoisie un travail de jour, un éveil, un réveil général de la conscience au contact de toute iniquité révélée ; la bourgeoisie comprenant sa vraie nature et sa vraie mission, ses dons et ses devoirs, s'imprégnant de l'esprit de Jésus-Christ, sortant définitivement de sa quiétude, s'instruisant de toute souffrance humaine, méritée ou non, s'inclinant vers elle et la faisant sienne comme fait une mère des souffrances de son enfant. Je la vois reprenant contact avec la multitude et s'entretenant avec elle, non point avec la condescendance un peu dédaigneuse d'un supérieur vis-à-vis de son inférieur mais avec la cordialité familière et respectueuse à la fois d'un frère qui parle à son frère ; je vois notre bourgeoisie, transformée par l'amour, se faire comme une sœur aînée l'éducatrice de cet enfant terrible qui s'appelle le prolétariat et, gagnant enfin sa confiance à force de fidélité et d'abnégation, je la vois aspirer non à croître mais à diminuer pour que le frère plus jeune croisse en stature, en sagesse, et en grâce.

Quand ce réveil aura eu lieu — et Dieu fasse que ce soit bientôt — la Commission d'Action n'aura plus à s'occuper de la question des rapports de la bourgeoisie et du prolétariat, parce qu'il n'y aura plus alors ni bourgeoisie ni prolétariat, mais un seul peuple éclairé, réconcilié et uni pour une œuvre commune de vérité, de justice et de paix.

PETITE BIBLIOT.

DE LA

COMMISSION D'ACTION MORALE & SOC.

Nº 1. — Le respect de l'enfant et le respe la femme, par PAUL MINAULT. — Prix : 1 exe plaire : **0** fr. **20**; 100 exemplaires : **10** fran.

Nº 2. — La mort de Calvin, par E. DOUMERGUE. — Prix : 1 exemplaire : **0** fr. **10**; 100 exemplaires : **4** francs.

Nº 3. — L'action morale et sociale dans la bourgeoisie, par P. DIETERLEN. — Prix . 1 exemplaire : **0** fr. **20**; 100 exemplaires : **10** francs.

FEUILLES DE PROPAGANDE

Nº 1. — Le Protestantisme français, par C.-E. BABUT. — Prix : 100 exemplaires : **1** franc ; 500 exemplaires : **3** fr. **50**; 1.000 exemplaires : **6** fr. **50.**

Nº 2. — Les protestants sont de vrais Français, (BRUNETIÈRE, LEROY-BEAULIEU, LAVISSE, PERROUD). — Prix : 100 exemplaires : **1** franc ; 500 exemplaires : **3** fr. **50**; 1.000 exemplaires : **6** fr. **50.**

Ces feuilles ne sont pas livrées au-dessous de 100 exemplaires.

Tous les prix sont établis franco à domicile.

Toutes les commandes doivent être adressées à M. Lafon, secrétaire du *Bureau de la Presse*, rue Sapiac, Montauban (Tarn-et-Garonne).

Il ne sera donné suite qu'aux commandes qui seront accompagnées de mandats-poste ou timbres-poste français, représentant la valeur des ouvrages demandés.

VALS. — IMP. ABERLEN ET Cie

www.ingramcontent.com/pod-product-compliance
Ingram Content Group UK Ltd.
Pitfield, Milton Keynes, MK11 3LW, UK
UKHW021029200726
13857UKWH00004B/1671

9 782011 907820